Inhaltsverzeichnis

Thema: Engel

Engel – ein Blick in die Bibel

Engel haben mittlerweile nicht mehr nur zur Weihnachtszeit Hochkonjunktur. In der religiös-weltanschaulichen Szene und in der Esoterik spielen sie eine große Rolle und stehen mittlerweile als niedliche oder auch kitschige Schutzengelchen selbst bei Menschen in der Wohnung, die sonst mit der Himmelswelt nicht viel am Hut haben. Eine Meinungsumfrage von Forsa unter 1000 Personen ab 14 Jahren im Auftrag des Magazins GEO von 2005 ergab, dass etwa zwei Drittel der Deutschen auf die Hilfe von Schutzengeln vertrauen.

Putten und „Engelchen"

Das allgemeine Bild von Engel ist häufig geprägt von der Kunst der Renaissance, in der die Engel als schöne Jünglinge abgebildet, oder vom Barock, als sie als Engelchen oder Putten mit der Anatomie von Kleinkindern dargestellt wurden. Damit haben die Engel der Bibel nichts gemeinsam, im Gegenteil, die verniedlichende Darstellung der Engel widerspricht der Bibel. Da, wo in Gottes Wort Engel ausführlicher beschrieben werden, werden sie eher als furchterregende oder Ehrfurcht gebietende Wesen dargestellt.

Aus der Bibel (ohne die Apokryphen) lässt sich aus den fast 300 Erwähnungen von Engeln im Alten und Neuen Testament die Herkunft und die Aufgaben der Engel ableiten. Ansonsten verzichtet die Bibel aber weitgehend auf die Ausmalung der Himmelswelt, der die Engel angehören. Viele der Details, Namen von Engeln und Ausschmückungen, die das Bild von Engeln in der Volksfrömmigkeit prägen, finden sich in den apokryphen Schriften, die wir hier nicht berücksichtigen.

Die Schöpfung der Engel

Im Schöpfungsbericht ist von Engeln nicht ausdrücklich die Rede, doch aufgrund der Aussage in Hiob 38,4-7 kann man schließen, dass ihre Erschaffung vor der der Welt geschah. Denn hier spricht Gott davon, dass die „Morgensterne" miteinander jubelten und alle „Söhne Gottes" jauchzten, als er die Erde erschaffen hat. Wie die Erde, so wurden auch die Engel durch das Wort Gottes erschaffen (Psalm 148,5).

Wesen und Gestalt von Engeln

Engel (hebr. mal`ak = Bote und griech. angelos = Gesandter, Bote) sind Geistwesen (Hebräer 1,14), die für Menschen in unterschiedlicher Form sichtbar werden. Die „einfachen" Engel, die den Menschen als Boten persönlich und im Traum erscheinen, werden in menschlicher Gestalt sichtbar. Sie hören, sprechen und handeln wie natürliche Personen (z. B. Apostelgeschichte 10,1-7), werden aber von jetzt auf gleich sichtbar oder unsichtbar (z. B. Richter 6,12.21).

Neben den „einfachen" Engeln kennt die Bibel noch weitere himmlische Gestalten. Cherubim werden rund 70-mal erwähnt und Serafim nur an einer Stelle bei Jesaja. In der Offenbarung werden ebenfalls Wesen erwähnt, die wie die Serafim sechs Flügel haben, doch deren Beschreibung unterscheidet sich von der bei Jesaja.

Cherubim sind Engel von hohem Rang, die besondere Aufgaben erfüllen. Erste Erwähnung finden sie in Genesis 3,24, wo sie nach der Vertreibung der Menschen aus dem Paradies den Weg zurück und somit den Zugang zum Baum des Lebens versperrten. Sie zieren die Bundeslade und stehen in

enger Verbindung zum Thron Gottes. Die ausführlichste Beschreibung der Cherubim finden wir bei Hesekiel (1,4-19; 10,5-14), der sie als Wesen mit menschenähnlicher Gestalt, Menschenhänden, Füßen wie Stierfüßen und vier Flügeln und vier Gesichtern beschreibt. Nur eines der vier Gesichter hat menschliche Gestalt, die anderen gleichen einem Stier, einem Löwen und einem Adler.

Die Serafim werden von Jesaja (6,1-7) als Wesen mit sechs Flügeln, Händen und Füßen beschrieben. Sie scheinen insbesondere mit der Verehrung Gottes betraut zu sein. Außerdem finden wir in der Bibel die „Söhne Gottes". Da sie in verschiedenen Zusammenhängen erscheinen, ist nicht ganz eindeutig, ob es sich in jedem Fall um Engel handelt. So wird in 1. Mose 6,1-4 berichtet, dass in der Zeit vor der Sintflut Gottessöhne mit Menschenfrauen Kinder zeugten, was im Gegensatz dazu zu stehen scheint, dass Jesus erklärt, dass die von den Toten Auferstandenen im Himmel nicht mehr heiraten, sondern wie die Engel sein werden (Matthäus 22,30). Daraus folgern viele Ausleger, Engel seien geschlechtslos.

Bei Hiob (1,6) erscheinen die Söhne Gottes gemeinsam mit Satan vor dem Thron Gottes, hier handelt es sich offenbar um Engel. Des Weiteren ist im Alten Testament vom „Engel des Herrn" die Rede. Er erscheint zum Beispiel Hagar, (1. Mose 16,7-13), Abraham (1. Mose 22,11-12) oder Gideon (Richter 6,12-22). Die meisten Ausleger sehen hierin Theophanien (Gotteserscheinungen), Gott selber habe sich den Menschen in Gestalt eines Engels gezeigt.

Die Aufgaben der Engel

Auf Menschen bezogene Dienste sind unter anderem:

Engel teilen Menschen Gottes Willen oder Aufträge mit, sie versorgen (z. B. Elia, 1. Könige 19,1-8) oder sie beschützen (z. B. Daniel, 6,23). Engel sind „dienstbare Geister, ausgesandt zum Dienst um derer willen, die das Heil erben sollen" (Hebräer 1,14), sie befreien aus Notsituationen (z. B. die Apostel aus dem Gefängnis, Apostelgeschichte 5,19), sie führen (Apostelgeschichte 8,26) und erscheinen im Traum, um Trost und Wegweisung zu geben (z. B. Josef, Matthäus 2,13). Sie geleiten die „selig" Entschlafenen an den Ort der Herrlichkeit (Lazarus, Lukas 16,22).

Die Vorstellung des persönlichen Schutzengels gründet sich vor allem auf Matthäus 18,10: „Seht zu, dass ihr nicht eines dieser Kleinen verachtet! Denn ich sage euch, dass *ihre Engel* in den Himmeln allezeit das Angesicht meines Vaters schauen, der

in den Himmeln ist." In diese Richtung verstehen manche auch die Aussage in Psalm 91,11.

Auf Gott bezogene Dienste sind unter anderem: Engel dienten Jesus nach seiner Versuchung (Markus 1,13) und stärkten ihn im Gebetskampf in Gethsemane. Zu ihren Aufgaben gehört es, Gott zu gehorchen und ihn zu loben (z. B. Psalm 103,20). Sie begleiten Jesus bei seinem zweiten Kommen (Matthäus 25,31). Sie sind Vollstrecker des Gerichts (z. B. 2. Samuel 24,16-17; Matthäus 13, 39-42.49 und Offenbarung 7,1-2; 8,6-9,21). Im Alten und Neuen Testament kämpfen die Engelsheere gegen die Feinde Israels oder gegen Satan und seine Gefolgschaft.

Niemals jedoch sind Engel Mittler zwischen Gott und Menschen: das ist nur Jesus Christus allein (1. Timotheus 2,5). Engel sollen auch nicht verehrt oder angebetet werden (Offenbarung 19,10; 22,9).

Besonders hervorgehobene Engel

Zwei Engel werden in der Bibel mit Namen genannt, nämlich Michael („Wer ist wie Gott?") und Gabriel („Gott ist stark"). Michael wird auch als Erzengel (Judas 9) oder (großer) Engelfürst bezeichnet. Wir lesen von ihm im Alten Testament dreimal im Buch Daniel (10,13.21; 12,1) und im Neuen Testament im Buch Judas (9) und in der Offenbarung (12,7). Michael steht immer im Zusammenhang mit dem Kampf gegen die Feinde Israels oder Satan. Gabriel hingegen tritt immer als Verkündiger oder Erklärer göttlicher Botschaft auf (Daniel 8,16; 9,21 und Lukas 1,19; 1,26).

Ein dritter besonders hervorgehobener Engel heißt im Hebräischen helel (lat. Luzifer = Lichtträger). Er ist der gefallene Engel, der versucht hat, sich über Gott und den von Gott geschaffenen Menschen zu erheben. Mit seinen Anhängern unter den Engeln ist er aus dem Himmel verbannt worden und zum Widersacher Gottes geworden. Die Geschichte vom Abfall des Engels, der zu Satan wurde, leiten die meisten Ausleger aus verschiedenen Stellen in der Bibel ab. Dazu gehören auch die Stellen aus Jesaja 14 und Hesekiel 28, die von gefallenen Königen handeln, aber auch auf den Fall Satans gedeutet werden können.

Weitere Hinweise finden sich in Lukas 10,18 und Offenbarung 12,9, sowie Offenbarung 20,1-3.

Dagmar Hees ist Mitglied im Arbeitskreis Frauen der Freien evangelischen Gemeinde und aktiv in der gemeindlichen und übergemeindlichen Frauenarbeit tätig

Der Herr der Engel

Seit jeher sind die Menschen von Engeln fasziniert. Die Träume und Vorstellungen, die Menschen von Engeln haben, schlagen sich in den verschiedensten Darstellungen nieder. Vom barocken Engel mit Babyspeck über die nichtchristlichen „Jahresendflügelpuppen" der DDR bis zu den Millionen käuflicher Schutzengel an der Ladenkasse wird deutlich, dass der Engelboom bis heute ungebrochen ist. Darin spiegelt sich die Sehnsucht der Menschen wider nach guten, mächtigen Wesen, die helfen, die Alltagssorgen zu bewältigen.

Studieren wir die Bibel, so stellen wir fest, dass Engel (griech. angelos = Bote) „dienstbare Geister" und Boten Gottes sind (Hebr 1,14). Der Herr der Engel ist der dreieinige Gott. Er hat Engel unter anderem deshalb geschaffen, um sein Werk auf der Erde zu unterstützen.
„Sie überbringen Menschen Gottes Botschaften (Lukas 1,26), schützen Gottes Volk (Daniel 6,23), ermutigen (1. Mose 16,7ff), führen (2. Mose 14,19), vollziehen Gottes Gerichte (2. Samuel 14,16), durchstreifen die Erde (Sacharja 1,9-14) und bekämpfen die Mächte des Bösen (2. Könige 6,16-18, Offenbarung 20,1-2).

Es gibt sowohl gute als auch böse Engel (Offenbarung 12,7). Die wichtigste, endgültige Aufgabe der Engel wird darin bestehen, Gott ständig anzubeten (Offenbarung 7,11-12)."
aus: Begegnung fürs Leben. Die Studienbibel für jeden Tag (Hänssler-Verlag)

Botschafter Gottes
In vielen biblischen Ereignissen sehen wir, dass Engel Gottes Botschaften überbringen. Diese Botschaften sind oft außergewöhnlich, und die Erscheinung der übernatürlichen Boten macht sie glaubwürdig, zum Beispiel bei der Verkündigung an Zacharias und an Maria (Lukas 1,11.26-28), an Josef (Matthäus 1,20) und die Hirten (Lukas 2,8-11), um nur bei der Weihnachtsgeschichte zu bleiben. Fast alle Personen der Bibel, denen Engel erschienen, erschraken zunächst und fürchteten sich. Ihr Eindruck war Ehrfurcht gebietend. Deshalb lässt Gott den Menschen als Erstes ausrichten: „Fürchte dich nicht!"
Gott spricht durch Engel zu den Menschen, die er selbst gebrauchen möchte und denen er seinen Heils- und Rettungsplan erklären will. Besonders zu Zeiten, als die Bibel noch nicht fertig geschrieben war, gebrauchte er Engel, um direkt zu den Menschen zu sprechen.
Engel arbeiten auch als „Geheimagenten Gottes" (Billy Graham). Ein Engel befreit erst die Apostel, dann Petrus allein aus dem Gefängnis (Apostelgeschichte 5,17-20, 12,1-11). Engel retten Lot und seine Familie aus Sodom (1. Mose 19,1-29). Und als Elisa und sein Diener vom syrischen Heer in Dotan belagert werden, kann der ängstliche Diener auf Elisas Gebet hin Gottes „Verstärkung" sehen: ein Engelheer mit feurigen Streitwagen (2. Könige 9,8-17). Ein Engel führt Hagar aus der Wüste zurück zu Abraham und Sara (1. Mose 16,6-14). Wo auch immer Engel in der Bibel auftreten, handeln sie nie eigenständig, sondern immer im bewussten Auftrag Gottes.

Heute wie damals zur Zeit des Neuen Testaments vertrauen viele Menschen den Engeln mehr als Jesus Christus. Der Schreiber des Hebräerbriefs greift das immer noch aktuelle Thema auf: In welchem Verhältnis stehen Jesus Christus, die

Engel und die Menschen zueinander? In Hebräer 1–2 erläutert er die Unterschiede zwischen Jesus und den Engeln:

- Hebräer 1,1-3: Gott hat nie zu einem Engel gesagt: „Du bist mein Sohn."
- Hebräer 1,6: die Engel sollen Jesus anbeten.
- Hebräer 1,7.14: die Engel sind wichtige Diener Gottes.
- Hebräer 1,8-9: bestätigt noch einmal, dass Jesus sowohl Schöpfer als auch ewiger Herrscher ist.
- Hebräer 1,13: Jesus sitzt an der rechten Seite Gottes, Engel nicht.
- Hebräer 2,5: greift das Thema der Herrschaft Jesu über die zukünftige Welt, über die Engel und Menschen, auf.
- Hebräer 2,7-9: für kurze Zeit war Jesus „weniger als die Engel" (beim Tod am Kreuz), wurde aber dafür mit Herrlichkeit und Ehre gekrönt.
- Hebräer 2,16: Jesus kam, um den Menschen zu helfen und nicht den Engeln.

In den frühen Gemeinden behaupteten Irrlehrer, dass man durch Engel zu Gott kommen könne. Einige hielten Jesus für den höchsten Engel Gottes. Dass Jesus kein Engel ist, wird in der Bibel deutlich ausgesagt. Engel dürfen nicht angebetet werden und wollen es selbst auch nicht (Kolosser 2,18, Offenbarung 22,8-9). Selbst Menschen stehen in der Rangfolge höher als die Engel. Paulus schreibt im 1. Korintherbrief 6,3: „Wisst Ihr nicht, dass die Menschen, die Jesus gehören, einmal die Engel richten werden?" Petrus bekräftigt das in seinem Brief, indem er ausführt, dass die Engel gerne erfahren hätten, was Gott den alttestamentlichen Propheten über Jesu Erscheinen offenbart hatte (1. Petrus 1,12). Jesus nennt seine Jünger in Johannes 15,14-15 ganz bewusst Freunde und nicht

mehr Diener. Die Engel dagegen waren, sind und bleiben treue, zuverlässige Diener, die Gottes Aufträge ausführen. Sie dienten Jesus zum Beispiel nach der Versuchung durch den Teufel (Matthäus 4,11) oder im Garten Gethsemane (Lukas 22,43).

Jesus und die Engel

Wenn Jesus Christus wiederkommt, werden ihn die Engel begleiten. Ihre Aufgabe wird es sein, die Menschen, die Jesus Christus gehören, zu sammeln und an den anderen das Gericht Gottes zu vollziehen (Matthäus 24,31; Markus 13,26-27). Jesus Christus ist eindeutig der Herr über alle Engel, die auf seine Anweisung hin handeln.

Schutzengel?

In Matthäus 18,10 mahnt Jesus: „Hütet euch davor, auf ein einziges dieser Kinder herabzusehen, denn ich sage euch, dass ihre Engel im Himmel meinem himmlischen Vater besonders nahe sind." Der Schutzengel-Gedanke, der schon in der frühen Kirche formuliert wurde, hat auch hier seine Wurzeln. Bedenkenswert ist auch Psalm 91,11: „Denn er hat seinen Engeln befohlen, dass sie dich behüten."

Doch Gott schickt nicht nur Engel, er wendet sich uns persönlich zu. Wenn wir ihn in Jesus Christus anschauen, wird uns geholfen. Wir können selbst kommen und Hilfe erfahren. Engel als Vermittler brauchen wir dazu nicht, aber er sendet sie uns, wenn es nötig ist, und vermittelt uns dadurch die Gewissheit aus Psalm 34,8: „Der Engel des HERRN lagert sich um die her, die ihn fürchten."

Dorothea Terfloth gehört dem Arbeitskreis Frauen der Freien evangelischen Gemeinde an und ist aktiv in der überregionalen Frauenarbeit tätig. Sie lebt mit ihrer Familie in Iserlohn.

Engel erlebt

Die Stundenentwürfe 55+ sind nicht nur für Frauengruppen mit höherem Durchschnittsalter gedacht

Ziel:
Miteinander Erinnerungen und Erlebnisse zum Thema austauschen und darüber zu einem vertieften Verständnis von „Engeldiensten" und zum Lob Gottes kommen.

1. Schritt
Plakate aufhängen, auf denen jeweils ein Stichwort und ein dazu passendes Bild oder Symbol zu sehen ist. Die Stichworte lauten „Engel in Liedern und Musik", „Engel in der Kunst", „Engel in der Bibel" und „Engel in Sprichwörtern und Redensarten".

2. Schritt
Die Teilnehmerinnen werden gebeten, im Raum herumzugehen und all das, was ihnen zum Thema einfällt, auf die entsprechenden Plakate zu schreiben. Dicke Filzstifte bereitlegen.

3. Schritt
Die Plakate abnehmen und in die Mitte legen, die Beiträge vorlesen. Bei Verständnisschwierigkeiten wird die betreffende Schreiberin gebeten, es zu erklären.

4. Schritt
Mit diesem Überblick ist ein guter Einstieg ins Thema gegeben und der Austausch kann beginnen. Mögliche Fragen:
1. Welche Rolle spielten Engel in meiner Kindheit? Kamen sie vor? Wie wurde von ihnen geredet?
2. Gibt es besondere Erfahrungen mit Engeln bei mir oder anderen in meiner Jugendzeit? War das ein Gesprächsthema?
3. Welche Stellenwert hatten im Erwachsenenalter Engel für mich? Habe ich Erfahrungen mit ihrem Dienst gemacht? Wie haben andere darüber gesprochen?
4. Bin ich selbst anderen zum „Engel" geworden? Wann haben Menschen mir gegenüber geäußert: „Du bist ein Engel" und warum?

Das Gespräch kann intensiviert werden, indem kleine Kärtchen in der Mitte liegen, auf denen jeweils eine der genannten Fragen steht. Die Teilnehmerinnen ziehen reihum eine der Kärtchen und kommen so ins Gespräch.

5. Schritt
Je nach Intensität und Dauer des Austausches bestehen zum Abschluss verschiedene Möglichkeiten, um das Thema abzuschließen. Sie sind in den „Bausteinen", der „Bibelarbeit" oder in „Grundsätzliches" zu finden.

Christine Muhr, Diakonisse, lebt in Marburg und ist verantwortlich für die Erwachsenenarbeit im Begegnungszentrum Sonneck des Diakonissen-Mutterhauses Hebron

Reger Flugverkehr zwischen Himmel und Erde

In den vergangenen Jahren sind die Engel zu neuer Popularität gekommen. Oder, wie es in einem Artikel im *Stern* formuliert wurde: „Es herrscht wieder reger Flugverkehr zwischen Himmel und Erde." Durch einen regelrechten Engelboom kommen wir mit unterschiedlichsten Darstellungen und Vorstellungen von Engeln in Berührung:

- Schon im Kindervers: „Engele, Engele, flieg!"
- Auf Postkarten, Notizblöcken, Ordnern, zumeist in Gestalt der pausbäckigen Raffael-Engel.
- Besonders zu Weihnachten in allen erdenklichen Formen, Größen und Gestalten als Kerzenständer, Baumschmuck, Fensterbilder …
- Als Teemischung, die sich „Engelstee" nennt, Lebkuchen, genannt „Nürnberger Engel" usw.
- Als „gelbe Engel" vom ADAC, „blaue Engel" der Heilsarmee, „Schutzengel mit Ferngläsern" von der DLRG.
- Missio nennt eine Kampagne gegen Sextourismus „Aktion Schutzengel".
- Als Logo des sogenannten Umwelt-Engels.
- Als „Engel der Armen" (Ehrenname für Mutter Teresa).
- Als „Hells Angels" auf schweren Motorrädern in schwarzer Lederkluft.
- In der Werbung verzehren sie Frischkäse („Philadelphia"), rauchen Zigaretten („West"), fahren Auto („Ford") oder trinken Magenbitter („Jägermeister").
- In Filmen und Fernsehserien („Ein Engel auf Erden", „Drei Engel für Charlie", „Todesengel", „Gefallene Engel", „Engel mit blutigen Händen" usw.) oder im Kino (Wim Wenders „Der Himmel über Berlin", „City of Angels" mit Meg Ryan und Nicholas Cage, „Michael" mit John Travolta) und, und, und.
- In zahlreich erschienenen Büchern (des Öfteren mit einem Touch ins Esoterische), Veröffentlichungen in Zeitschriften (z. B. GEO vom Dezember 2000: „Engel – die unfassbar wichtigen Wesen") oder von Kirchengemeinden (Helge Adolphsen: „St. Michael – Engel für Hamburg")

Diese Liste erhebt keinen Anspruch auf Vollständigkeit, zeigt aber wohl eindrücklich, dass Engel (wieder) ein Thema sind, dessen man sich auf unterschiedlichste Weise bemächtigt.

Baustein 1: Denn er hat seinen Engeln befohlen ...

Einstieg: Bodenbild
Material:
- eine große Wolkenform aus blauem Tonkarton
- viele kleine Wölkchen in Weiß
- vier große, flügelförmige Tonpapiere in Weiß mit den Aufschriften:
„Denn er hat seinen Engeln befohlen ...“ –
„dass sie dich behüten auf all deinen Wegen ...“ –
„dass sie dich auf Händen tragen“ –
„und du deinen Fuß nicht an einen Stein stößt.“
- dicke Stifte für alle

In der Mitte liegt die große, blaue Wolkenform, darüber der Versanfang „Denn er hat ...“
Die Teilnehmerinnen schreiben in die kleinen Wolkenformen, was sie mit Engeln verbinden. Währenddessen wird ein Sammelsurium an Karten, Büchern, Anzeigen, Figuren, usw. in die große Wolkenform gelegt, in denen die oben beschriebenen, aktuellen „Engelbilder“ deutlich werden. Die Teilnehmerinnen legen ihre Beiträge ebenfalls in die große Wolkenform und erzählen.

Baustein 2: Die Aufgaben der Engel

Kleingruppenarbeit
Jede Kleingruppe bekommt einen Satz der folgenden Karten, 20 Minuten Zeit und diese Aufgabe:

Auf den Karten findet ihr eine kleine Auswahl unterschiedlicher Situationen kurz beschrieben, in denen Engel tätig werden. Lest sie durch und tauscht euch jeweils darüber aus, welche Aufgaben die Engel in diesen Situationen von Gott bekommen.

Adam und Eva hatten von der Frucht des Baumes gegessen, obwohl Gott es ihnen verboten hatte. Jetzt konnten sie nicht mehr im Paradies leben. Gott trieb die beiden aus dem Garten Eden hinaus.

Den Eingang des Gartens ließ Gott durch Engel mit einem flammenden Schwert bewachen. Kein Mensch sollte zum Baum des Lebens gelangen. (nach 1. Mose 3,24)

Aufgabe der Engel:

Plötzlich stand neben dem Engel eine große Schar anderer Engel, die lobten Gott und riefen: „Alle Ehre gehört Gott im Himmel! Sein Friede kommt auf die Erde zu den Menschen, weil er sie liebt!" (nach Lukas 2,13-15)

Aufgabe der Engel:

Es war schon gegen Abend, als zwei Engel nach Sodom kamen. Lot, der Neffe Abrahams, saß gerade beim Stadttor. Als er sie kommen sah, ging er ihnen entgegen und lud sie ein, bei ihm zu Gast zu sein. Als sie im Haus waren, sagten die beiden Engel zu Lot: „Gott hat uns geschickt, um diese Stadt zu vernichten. Die Menschen hier sind böse. Nimm du aber deine ganze Familie und führe sie aus der Stadt hinaus." Am nächsten Morgen führten die Engel Lot und seine Familie aus der Stadt. (nach 1. Mose 19)

Aufgabe der Engel:

Petrus, ein Jünger von Jesus, predigte in Jerusalem, was er mit Jesus erlebt hatte. Leider gab es einige neidische Priester, die dafür sorgten, dass er und noch andere Jünger ins Gefängnis kamen. Aber in der gleichen Nacht öffnete ein Engel die Gefängnistore und führte die Gefangenen heraus. Er sagte zu ihnen: „Geht in den Tempel und erzählt allen von Jesus." Die Jünger gehorchten, gingen früh am Morgen in den Tempel und sprachen zu den Menschen.
(nach Apostelgeschichte 5)

Aufgabe der Engel:

In der Gegend um Bethlehem hielten sich Hirten auf. Sie bewachten in der Nacht ihre Herde. Da kam ein Engel zu ihnen und umstrahlte sie mit Licht. Sie hatten Angst, aber der Engel brachte ihnen eine gute Nachricht. Er sagte: „Habt keine Angst. Ich bringe euch eine gute Nachricht, über die sich ganz Israel freuen wird. Heute wurde in Bethlehem euer Retter geboren, Jesus Christus. Geht hin und seht selbst. Er liegt in einer Futterkrippe – daran könnt ihr ihn erkennen!" (nach Lukas 2,8-12)

Aufgabe der Engel:

Denn er hat seinen Engeln befohlen über dir, dass sie dich behüten auf allen deinen Wegen, dass sie dich auf den Händen tragen und du deinen Fuß nicht an einen Stein stößest. (Psalm 91,11-12)

Aufgabe der Engel:

„Und alle Engel standen um den Stuhl und um die Ältesten und um die vier Tiere und fielen vor dem Stuhl auf ihr Angesicht und beteten Gott an und sprachen: Amen, Lob und Ehre und Weisheit und Dank und Preis und Kraft und Stärke sei unserm Gott von Ewigkeit zu Ewigkeit! Amen." (Offenbarung 7,11-12)

Aufgabe der Engel:

Welche biblischen Begebenheiten fallen euch noch ein?

Aufgabe der Engel:

Gemeinsame Gesprächsrunde

In einer Gesprächsrunde werden die Antworten und vorhandene Vorstellungen aufgegriffen und mit dem Versanfang von Psalm 91,1 in Verbindung gebracht: Gott befiehlt (= beauftragt).

- Gott ist der Herr der Engel.
- Sie werden auf seine Anweisung hin tätig.
- Sie stehen in seinem Dienst.
- Die Anbetung Gottes ist Teil ihres Seins.
- Ihre Aufträge sind für uns nicht immer verständlich und reichen vom Schutz für uns bis zur Verwehrung des Zugangs zu etwas Wunderbarem (wie das Paradies).

3. Baustein: Gott, der Herr der Engel

Abschluss: Hören Sie gemeinsam „Denn er hat seinen Engeln befohlen über dir" von Felix Mendelssohn Bartholdy.

Gott ist der Schöpfer des Universums, der Herr der Engel und der Menschen. Er hat sich entschieden, unser Vater zu sein!

Kerstin Stein ist evangelische Theologin, lebt und arbeitet in Hamburg

Sei ein Engel!

„Du bist ein Engel!" hört man manchmal, wenn ein Mensch einem anderen eine besondere Freude bereitet. Mit diesem Teil von „Engelsein" beschäftigt sich dieser Stundenentwurf.

Dekoration
Den Raum mit Bildern und Figuren von Engeln schmücken (eventuell die Kantenhocker-Engel aus dem Kreativteil).
Im Raum stehen Tische (Stehtische wären am besten) mit weißen Tischdecken, Goldglitzerstaub (gibt es im Bastelgeschäft) und vielen Teelichtern.
Auf den Tischen stehen Kekse (siehe Kreativteil, „Engelsaugen"), es läuft sanfte Musik (zum Beispiel „Das Engelkonzert" von H. J. Hufeisen, Kreuz Verlag).
Die Fragen auf der nachfolgenden Kopiervorlage auf festes Papier kopieren und diese ebenso wie leere Klebezettel in zwei verschiedenen Farben (zum Beispiel weiß und grün) und dicke Stifte auf die Tische verteilen.
An zentraler Stelle zwei möglichst große Papierbögen in den gleichen Farben wie die Klebezettel aufhängen. Auf dem einen steht als Überschrift: *Was verbindest du mit „Engeln"?* Auf dem anderen: *Warum sagt man von einem Menschen, er sei ein Engel?*

Willkommen
Begrüßen Sie die Teilnehmerinnen an der Tür mit einem „sanften Engel" und wünschen Sie ihnen einen schönen Abend.

Sanfter Engel
In ein Glas Orangensaft ein Bällchen Vanilleeis geben und mit einem Schirmchen oder Ähnlichem dekorieren.
Passende Löffel nicht vergessen!

Einstieg
Die Teilnehmerinnen werden bei sehr leiser Hintergrundmusik begrüßt.
Wenn sich Fremde in der Gruppe befinden, bitten Sie alle zuerst einmal darum, sich an den Tischen gegenseitig vorzustellen, oder Sie spielen das „Ich für dich, du für mich"-Spiel (Anleitung im Anschluss).

Überleitung
„Heute Abend haben Sie sich zu einem „engelhaften" Abend einladen lassen. Wir freuen uns, dass Sie bei uns sind und hoffen, dass Sie den Abend genießen können. Zuerst einmal möchten wir Ihnen deshalb ein wenig Zeit zum Plaudern geben – und damit Sie nicht nach einem Gesprächsthema suchen müssen, finden Sie auf den Tischen zwei Fragen, die Sie miteinander besprechen können:

Was verbindest du mit „Engeln"?

Wann sagt man von einem Menschen: „Der ist ein Engel"?

Keine Angst, Sie können keine falschen Antworten geben, es geht nur darum, sich auszutauschen. Außerdem finden Sie dicke Stifte und weiße und grüne Klebezettel auf dem Tisch. Wir würden uns freuen, wenn Sie auf die weißen Kärtchen Stichworte zum Thema „Was verbinde ich mit Engeln?" notieren und auf den grünen „Wann sagt man von einem Menschen: „Der ist ein Engel?" In 15 Minuten gehen unsere Mitarbeiterinnen herum und sammeln die Karten ein. Bis dahin: Viel Spaß beim Austausch und bedienen Sie sich gern mit Getränken und Keksen, gute Unterhaltung!"
(Musik wird wieder etwas lauter gestellt).

Nach zirka 15 Minuten werden die Klebezettel eingesammelt. Jeder Zettel wird vorgelesen und auf das passende Plakat geklebt. Dabei werden thematische Gruppen gebildet, also ähnliche Antworten werden in „Clustern" (= Untergruppen) geordnet. Bei Unklarheiten nachfragen. Schreiben Sie jetzt in die Mitte des Plakates „Was verbinden Sie mit Engeln?" dick das Wort „Bote".

Andacht

Das Wort „Engel" kommt aus der griechischen Sprache. *„Angelos"* bedeutet soviel wie „Bote" (ahd. angil, engil, engl. angel, lat. angelus). Es handelt sich hierbei um die Übersetzung des hebräischen Wortes mal'ak = Bote. Im Buch Hiob (33,23), findet sich ein entscheidender Hinweis zur Namensgebung. In der Trostrede des Elihu an Hiob beschreibt dieser Engel als *Überbringer von (Gottes) Botschaften* an den Menschen.
Die christlichen Vorstellungen von Engeln sind schon sehr alt. Obwohl die Kunst- und Kulturgeschichte Engelswesen in mannigfaltigen Formen beschreibt und darstellt, gibt die Bibel keine verbindliche Antwort auf die Frage, welche Erscheinungsform Engel eigentlich haben. In welcher Form oder Erscheinung sie ihre Aufgabe verrichten, ist dabei eigentlich auch überhaupt nicht wichtig. Entscheidend ist, dass es sich bei Engelbegegnungen um Gottesbegegnungen handelt, in denen Gott Menschen den Weg weist. In seinen Botschaften finden Menschen Rettung, Trost und Handlungshinweise. Meist sind es Alltagssituationen, in denen Gott Engel zu Menschen schickt: bei der Arbeit, vor dem Zelt, auf einem Weg, aber auch in schwierigen Situationen. Sie deuten darauf hin, dass Gott den Menschen nicht verlassen hat, sondern gerade hier am Wirken ist.
Da ist es verständlich, dass wir Menschen den Begriff des Engels auch auf Menschen anwenden, die sich in besonderer Weise selbstlos für andere Menschen einsetzen. Das ist etwas sehr Wertvolles, und trotzdem unterscheiden sich viele irdische „Engel" von den himmlischen dadurch, dass ein Engel immer im Auftrag Gottes redet und handelt.
Wir haben das große Glück, dass der Schöpfer des Universums unser Vater ist, zu dem wir in jedem Augenblick kommen dürfen und der uns immer nahe ist. Aber ähnlich, wie Engel Menschen auf Gott aufmerksam machen können, wie sie Gottes Boten sind, können auch wir das sein: Botschafter für Gottes Liebe, Menschen, die in seinem Auftrag handeln.

Gleich gehen Mitarbeiterinnen herum und schenken jeder von euch zwei Marzipan-Engel (Rezept siehe Kreativ). Einer ist für dich. Er soll dich in der kommenden Woche daran erinnern, die Augen dafür offen zu halten, wo du vielleicht für einen Menschen in deiner Umgebung ein „Bote Gottes" sein kannst: vielleicht gar nicht durch große, fromme Worte, sondern durch dein offenes Ohr, deine Unterstützung, dein Gebet, das ehrliche Reden von dem, an den du glaubst. Es geht um gar nichts Spektakuläres. Wichtig ist, dass wir Menschen sind, die durch Worte und auch durch Taten Gottes Liebe spüren lassen. Der andere Engel ist für jemanden, der dir nahesteht und dem du vielleicht „Danke" sagen möchtest oder „Ich hab dich gern".

Lied

„Wer auf Gott vertraut" von Hella Heizmann (das Lied ist in vielen Liederbüchern zu finden, z. B. in Feiern & Loben, Lied 419)

Ich für dich – du für mich

Dieses Spiel eignet sich gut zum Kennenlernen an Tischgruppen. Die folgenden Karten liegen kopiert auf den Tischen. Die Teilnehmerinnen stellen sich gegenseitig vor und einigen sich dann, wer welche Aufgabe übernimmt. Die Engelgedichte, -bilder und Flügel werden hinterher nach vorn gebracht und vorgelesen bzw. gezeigt.

Ich schreibe mit _____
ein kurzes Gedicht über Engel.

Ich male mit _____
zusammen ein Engelbild.

Ich bastle mit _____
zusammen aus irgendetwas
hier im Raum Flügel.

Ich schreibe mit _____
ein kurzes Gedicht über Engel.

Ich male mit _____
zusammen ein Engelbild.

Ich bastle mit _____
zusammen aus irgendetwas
hier im Raum Flügel.

Was verbindest du mit „Engeln"?

Wann sagt man zu einem Menschen:
„Du bist ein richtiger Engel!"?

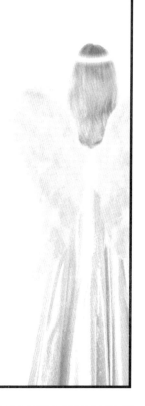

Was verbindest du mit „Engeln"?

Wann sagt man zu einem Menschen:
„Du bist ein richtiger Engel!"?

Du bist nie allein

*Wenn alle Türen
geschlossen
und die Fenster
verdunkelt sind,
darfst du
nicht fürchten,
allein zu sein.
Denn Gott ist bei dir
und seine Engel.
Und weshalb sollten
sie Licht brauchen,
um dich zu sehen?*

Epiktet (um 50–138)

Engel bei Karstadt

Jenny hatte in ihrem kurzen Studentinnenleben ja schon viele Jobs übernommen, aber „Engel" war bis jetzt eindeutig noch nicht dabei gewesen. O. K., sie war schon mal als Werbemöhre verkleidet durch den Supermarkt gelaufen und hatte Zettel verteilt. Das war wahrscheinlich ähnlich seltsam gewesen (besonders, als ein junger Mann 10 Minuten lang mit den Worten „Ich bin ein Häschen und will mal knabbern" hinter ihr hergelaufen war). Heute nun trug sie kein Plüsch-möhrenkostüm, sondern eine blonde Perücke mit vielen Löckchen, ein langes, weißes Wallegewand, Flügel, Heiligenschein, eine kleine Harfe, ein Körbchen und ein strahlendes Engelslächeln und schwebte durch Karstadt, um den Damen kleine Pröbchen eines „himmlischen Dufts" anzubieten und ihnen eine wunderbare Adventszeit zu wünschen. Leicht verdientes Geld, wenn auch in alberner Aufmachung, fand Jenny und war froh, dass sie bisher keine Bekannten ge-troffen hatte. Was sich natürlich in diesem Augenblick änderte, denn von rechts nahte Professor Brückner (Phi-losophische Ethik) und schien sie auch schon bemerkt zu haben, denn er stockte im Vorbeigehen, drehte sich um und kam schnurstracks auf sie zu.

Kennen Sie das Klischee vom verträumten und schusseligen Professor? Brückner entsprach diesem Bild in höchstem Maße, was seine Studenten und Studentinnen gleichzeitig zu freundlichem Spott und (wegen der hohen Kompetenz und der Liebenswürdigkeit Brückners) zu liebevoller Bewunderung reizte. Der Professor galt im positiven Sinne als Unikum. Er liebte sein Fach und seine Studenten, kannte auch in sehr großen Vorlesungen nach kurzer Zeit die Namen aller und war dafür bekannt, Gespräche auf seine ganz eigene Art zu gestalten. So auch jetzt: „Frau Gerresheim, Sie sind ja ein Engel! Wie schön, jetzt in der Adventszeit habe ich mich gerade mal wieder mit unseren stillen Begleitern befasst und schon treffe ich Sie. Der Begriff „Engel – Angelos" hat ja ver-schiedene Ursprünge, aber das wissen sie ja sicher, nicht wahr? Ja, selbstverständ-lich! Wird es vom alt-ägyptischen Wort-stamm „ang" abgeleitet, bedeutet es „Leben". „El" bedeutet Gotteslicht. Somit wäre es als „die im göttlichen Licht Lebenden" zu deuten. Ist das nicht wunderschön? Wenn wir es vom griechischen „angelos" ableiten, bedeutet es „Bote, Botschafter und Gesandter

des Göttlichen". Botschafter Gottes – auch diese Bedeutung ist so erhellend! Manchmal denke ich, ich hätte doch Sprachwissenschaftler werden sollen. Die ersten Engeldarstellungen finden sich übrigens schon um 2250 v. Chr. in Mesopotamien, zum Beispiel auf einem Rollsiegel des Schreibers Adda. War Ihnen das bewusst? Die Bibel beschreibt sie selbstverständlich auch, sie geht davon aus, dass Engel himmlische, mit Bewusstsein begabte Geistwesen sind; aber sie verzichtet weitgehend auf ein plastisches Ausmalen dieser Himmelswesen, die in anderen Religionen damals verbreitet war. Viel wichtiger ist ihr die Funktion der Engel: den Menschen Gottes Wort, Gegenwart, Absicht und vollgültigen Willen mitzuteilen. Darum erscheinen Engel in der Bibel oft einfach als „Boten Gottes" in menschlicher Gestalt. Sie sind ohne Zweifel souverän und nicht an die Schranken und Bedingungen der menschlichen Sinnenwelt gebunden: aber diese Fähigkeiten treten meist hinter ihrer Botschaft zurück, die das zentrale Element bildet. Welche Botschaft bringen denn Sie, Frau Gerresheim?"

Vollkommen überfahren von diesem Monolog konnte Jenny nur noch stottern: „Äh, also: „Angel Dreams" ist die neue Duftkreation von Calvin Groß ..." und dabei hielt sie ihm reflexartig eine ihrer Gratisduftproben entgegen, welche der Professor auch brav nahm, öffnete und unter seine Nase hielt. „Nun, " sagte er dann lächelnd, „was heutzutage wie ein Engel scheint, bringt anschei-

nend eher Botschaften von Calvin Groß als von Gott. Die Dinge sind eben nicht immer das, was sie zu sein scheinen, nicht wahr, Frau Gerresheim? Da sieht jemand wie ein Engel aus und ist keiner, aber vielleicht ist ihnen heute schon ein Engel begegnet, der nicht wie einer aussah? Vielleicht ist der Mann, der dort drüben steht, ein Engel, oder die Frau an der Kasse? Vielleicht ist ganz in der Nähe einer von Gottes Boten. Vielleicht hat er sogar eine Nachricht für Sie oder mich? Ach, ist das nicht ein wundervoller Gedanke, dass Gottes Welt sich unsichtbar um uns breitet und von seinen Boten durchschritten wird? Aber ich sehe, ich halte Sie auf, liebe Frau Gerresheim. Ich danke Ihnen für dieses angenehme Gespräch! Seltsam, wieso habe ich eigentlich dieses Fläschchen in der Hand?" Kopfschüttelnd blickte der Professor auf die kleine Duftprobe, gab sie geistesabwesend an Jenny zurück und war schon im Gehen begriffen, als er sich plötzlich wieder zu ihr umdrehte und sagte: „Heute ist euch der Retter geboren, das haben die Engel in Bethlehem den Hirten verkündet. Ist das nicht eine wunderbare Botschaft? Uns ist der Retter geboren ..." Dann verschluckte ihn die Menge der Einkaufenden und als Jenny ihn etwas entfernt kurz wieder auftauchen sah, da war es ihr fast, als umleuchtete ihn ein klares Licht.

Karin Ackermann-Stoletzky ist Supervisorin und freie Journalistin und lebt in Solingen

Tabu

Sie brauchen:

Eine Eieruhr

Die Tabu-Karten, die Sie auf den folgenden Seiten finden, müssen auf Pappe aufgeklebt und ausgeschnitten werden.

Spielverlauf:

Die Mitspielerinnen werden in zwei Teams aufgeteilt. Die Karten liegen verdeckt in der Mitte. Beide Teams raten abwechselnd.

Eine Spielerin beginnt und zieht eine Karte, auf der ein Begriff genannt ist, den sie ihrer Mannschaft erklären muss. Dabei darf sie jedoch die auf der Karte genannten vier Tabu-Wörter nicht verwenden.

Das gegnerische Team achtet strengstens darauf, dass die Tabu-Regel nicht verletzt wird und auch keine Gesten, Fremdsprachen, Geräusche oder sonstige Hilfsmittel genutzt werden, um den gesuchten Begriff zu erklären. Jede Verletzung der Regeln führt sofort dazu, dass das gegnerische Team einen Punkt erhält.

Errät das Team das Suchwort, bekommt es einen Punkt gutgeschrieben und die Gegenmannschaft ist dran. Ein Team darf pro Begriff so lange raten, bis die Sanduhr abgelaufen ist. Schafft das Team es nicht in dieser Zeit, geht der Punkt an die Gegenmannschaft und das andere Team darf mit dem nächsten Begriff weitermachen.

Das Team, das am Ende die meisten Punkte hat, gewinnt.

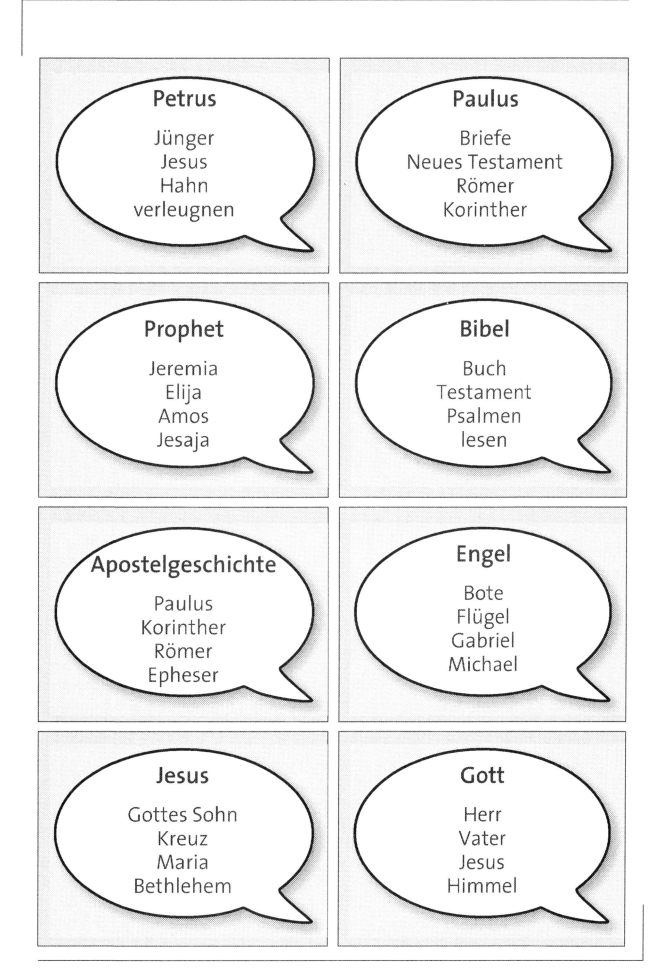

Kreuz

Symbol
Tod
Jesu
Erlösung

Apostelgeschichte

Neues Testament
Lukas
Bibel
Gemeinde

Johannes

Apostel
Jünger
Evangelium
Offenbarung

Mose

5 Bücher
10 Gebote
Mirjam
Ägypten

Taube

Symbol
Friede
weiß
Vogel

Heiliger Geist

Pfingsten
Taube
Feuerzunge
Dreieinigkeit

Elija

Prophet
Dürre
König Ahab
Baalspriester

Amos

Löwe
Prophet
5 Visionen
Baal

Noah

Arche
Altes Testament
Tiere
Paare

Reich Gottes

Senfkorn
unsichtbar
Sauerteig
Gott

Lukas

Arzt
Neues Testament
Evangelium
Apostelgeschichte

Zachäus

Baum
versteckt
Jesus
Zöllner

Josef

Maria
Verlobter
Zimmermann
Bethlehem

Maria

Mutter
Jesus
Magnifikat
Gott

Bartimäus

blind
Neues Testament
Jesus
sehen

Adam

erster Mensch
Apfel
Eva
Paradies

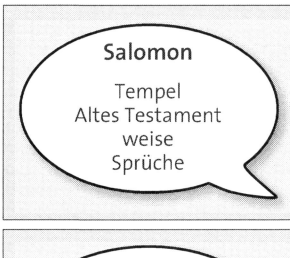

Salomon

Tempel
Altes Testament
weise
Sprüche

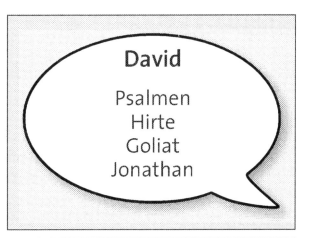

David

Psalmen
Hirte
Goliat
Jonathan

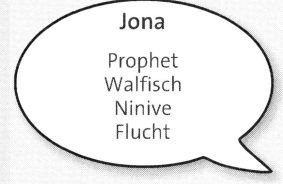

Jona

Prophet
Walfisch
Ninive
Flucht

Martha

Schwester
arbeiten
Maria
Lazarus

Daniel

Löwengrube
Altes Testament
Engel
Gebet

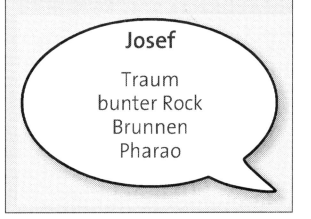

Josef

Traum
bunter Rock
Brunnen
Pharao

„... und wohnte unter uns"

Unsere Blicke werden unweigerlich von der Mitte des Bildes angezogen, dorthin, wo es am hellsten ist. Und sie verweilen auch dort, weil wir hier schnell einzelne Figuren unterscheiden und zuordnen können. Das tut gut. Aber gehen wir Schritt für Schritt vor ...

Was sehen wir?

Im Zentrum des Bildes ist ein Haus oder eine Hütte zu sehen. Das Haus oder die Hütte wächst nach außen, weitet und öffnet sich. Auffällig die von der Mitte ausgehende Farbpalette von hellen goldgelben, ja fast weißen Tönen hin zu dunklen, fast schwarzen. Dabei wandelt sich die Farbgebung stufenweise, legt sich auf das Umfeld. Transparent und leicht bedeckt die Farbe Stück für Stück der dunklen Grundierung und gibt ihr einen neuen Schimmer. Wandern wir mit den Augen vom Bildrand zum Zentrum des Bildes, erleben wir das Gegenteil: Aus dem Dunkel dringt der Betrachter in immer heller werdende Räume vor.

Alle Bewegungen zielen auf die Mitte des Bildes. Die zur Gestaltung verwandten Flächen wie Kreis, Dreieck, Raute und Rechteck laufen auf diesen Punkt zu. Sie bilden schematisch dargestellte Gestalten, die in der oberen Bildhälfte von vorne zu sehen sind, in der unteren dem Betrachter den Rücken zukehren. Diese heben sich wiederum vom dunklen Blau des Hintergrunds ab. Transparent, leicht und geradezu körperlos sind die Engel abgebildet. Große Flügel lassen sie als solche erkennen. Die drei im Vordergrund haben ihre „Arme" um dunkle Figuren gelegt, als wollten sie sie zur Mitte fortziehen.

Am auffälligsten bleibt das Herz des Bildes. Hier sind die Gestalten dicht zusammengerückt, als gäbe es nicht genug Platz für sie. Im linken Teil der angedeuteten Hütte erkennen wir eine sitzende Frau, die ein Kind auf ihren Schoß hält. Rechts neben ihr die Figur eines stehenden Mannes, der halb hinter, halb neben ihr steht und sich über sie beugt. In der linken Hand hält er einen großen Krummstab, der unverkennbar als Senkrechte die Mitte des Bildes bildet. Weiter rechts sind die

Köpfe von Ochs und Esel und die Andeutung einer Krippe zu sehen.

Das Licht geht vom Kind aus. Fast weiß ist der Kopf, der ihn umgebende Lichtkranz ein wenig ins Goldgelbe hin eingefärbt. Der Oberkörper der Frau erscheint ganz und gar in diesen Farben, die dann von einem warmen Orange über warme Rottöne zu dunklen Rottönen wechseln und auf die Gestalt neben ihr übergehen.

Was bedeutet es?

Im Johannesevangelium lesen wir: „Und das Wort ward Fleisch und wohnte unter uns, und wir sahen seine Herrlichkeit, eine Herrlichkeit als des eingeborenen Sohnes vom Vater, voller Gnade und Wahrheit" (Johannes 1,14). Zwar nennt die Künstlerin Beate Heinen das 2005 entstandene Bild „Nacht der Engel" und in der Mitte des „Engelheeres" wird auch das Geschehen dargestellt, doch sagt dieses biblische Wort es genauer aus: Gott hat sich aufgemacht, um unter uns Menschen zu wohnen.

Natürlich ist die Geburt des Kindes begleitet von einem ganzen Heer von Engeln. Gabriel, der Bote Gottes, teilt Maria die Geburt des Kindes mit (Lukas 1,26-38). Ein Engel erscheint Josef im Traum und gebietet ihm, Maria zu sich zu nehmen (Matthäus 1,19-25). Der Engel des Herrn tritt zu den Hirten und unterrichtet sie über die Geburt des Kindes. Anschließend treten die himmlischen Heerscharen an seine Seite und stimmen einen großen Jubelruf an (Lukas 2,8-14).

Und warum dies alles? Die Geburt von Jesus sagt uns, dass Gott zu den Menschen gezogen ist. Er hat seine Hütte unter ihnen aufgeschlagen. Er ist ihr Nachbar geworden und wohnt seitdem Seite an Seite mit Hinz und Kunz. Sein „Haus" ist die neue Mitte des Universums, das Herzstück der Schöpfung, der Sammelpunkt der himmlischen Heere und der Wendepunkt der menschlichen Möglichkeiten. Er wird die unübersehbare Schaltstelle „Himmels und der Erden" bis in alle Ewig-

keiten hinein bleiben. Daran kommt keiner mehr vorbei.

Von hier wird die Dunkelheit erhellt. Von hier fällt ein ungewohntes Licht auf die alten Verhältnisse und geht das warme Feuer der Liebe und der Geborgenheit Gottes aus. Dieses Licht und diese Wärme sind nicht mehr zu löschen. Jetzt geht es nur noch darum, den Weg in die Nähe des Lichtes zu finden. Im Bild leiten die „dienstbaren Geister, ausgesandt zum Dienst um derer willen, die das Heil ererben sollen" (Hebräer 1,14) dahin.

Lassen wir uns hineinnehmen in die Bewegung auf diesen Kern zu? Lassen wir uns mitnehmen zum Herz aller Dinge, zu Jesus Christus, in dem Gott unter uns Wohnung genommen hat? Werden wir zu solchen, die andere zu dieser Wohnung Gottes mitnehmen?

Nacht der Engel, Beate Heinen, 2005

© ars liturgica Buch- und Kunstverlag, MARIA LAACH, Nr. 4432
Das Motiv ist als Postkarte (Nr. 404432, € 0,95), als Gruß-Doppelkarte (Nr. 414432, € 1,70)) und als Bildmeditation (Nr. 544432, € 2,00) beim Verlag (Bestellannahme: Tel. 02652 / 59-381) erhältlich.

Christine Muhr, Diakonisse, lebt in Marburg und ist verantwortlich für die Erwachsenenarbeit im Begegnungszentrum Sonneck des Diakonissen-Mutterhauses Hebron

Begegnung mit einem Engel

Sechs Jahre Studium in den USA lagen hinter mir und mein Weg führte mich wieder nach Deutschland zurück. Lange hatte ich um Klarheit gebetet, was der nächste Schritt sei, und Gott hatte mich eindeutig nach Hause zurückgesandt. So packte ich Bücher, Computer, Kleider und alles, was sich in sechs Jahren angehäuft hatte, und versandte das meiste mit einem Containerschiff. Aber als ich am Tag meiner Abreise meine Koffer endlich fertig gepackt hatte, stand ich da mit zwei sehr großen, überschweren Koffern, einer wuchtigen Reisetasche, einem Kosmetikkoffer, meinem Rucksack und meiner Handtasche. Ich wog die Gepäckstücke auf der Waage und war entsetzt – totales Übergewicht! Aber jetzt war es zu spät. Zwei liebe Freunde aus der Gemeinde hatten sich bereit erklärt, mich zum Flughafen zu fahren, und standen bereits vor der Tür. Ich würde also unterwegs eine Lösung finden müssen.

Mein Abflughafen war New York. Ich vergesse nie den Blick der beiden, als sie mein Gepäck sahen und wie sie fragten, ob ich genug Geld hätte, um das Übergepäck zu bezahlen. Natürlich hatte ich nicht so viel Geld (damals ca. 20 $ pro Kilo Übergewicht) und so beteten wir, dass es einen anderen

Ausweg gab. Sie versprachen mir, notfalls einen Teil in Kartons auf dem Seeweg nachzusenden (wobei wir nicht genau wussten, wie wir das hätten umpacken sollen). Die ganze Fahrt über lachten und weinten wir (Abschiedstränen) und beteten viel. Am Flughafen angekommen lieferten sie mich am Eingang ab und dann war ich mit meinen vielen Taschen allein, denn Personen ohne Flugschein konnten nicht mit in die Abfertigungshalle. So schob ich mich langsam immer ein Stück näher an die Schalter. Dann sah ich sie: die Damen am Abfertigungsschalter der Lufthansa – sehr korrekt, streng schauend und ohne Lächeln. Mir wurde ganz flau im Magen und ich dachte mir: „Die werden das nicht alles durchgehen lassen. Herr hilf mir!" Mir fiel ein, was ich alles sagen wollte – meine Geschichte erzählen von sechs Jahren Studium und vieles mehr. Im Abfertigungsbereich gab es mehrere Schalter. Die Passagiere standen alle in einer langen Reihe davor und der Schlangenerste ging immer an den nächsten, frei werdenden Schalter. Ich war als Nächste an der Reihe. Dann wurde einer frei – aber ganz am anderen Ende der Schalterreihe. Ich schaute auf all mein Gepäck und beschloss zu warten, bis direkt vor mir ein Schalter frei werden würde. So

ließ ich den Mann hinter mir vor und wartete auf den nächsten, freien Schalter in meiner Nähe.

Direkt vor mir gab es einen, der aber geschlossen war. Doch zum Glück machte jetzt ein Mann ohne Lufthansa-Uniform den Schalter auf, lächelte mich an und winkte mir zu. Er sah mein Gepäck, forderte mich auf, es auf das Band zu legen, und wollte mein Ticket sehen. Ich fing an mit meiner Geschichte, merkte aber schnell, dass ich schweigen sollte. Er nahm die zwei Koffer, dann die Reisetasche und gab mir die Tickets zurück. Keine Fragen, keine Bemerkung zum Gewicht ... So fragte ich, ob ich noch meinen Kosmetikkoffer aufgeben könne, und er meinte nur: „Es reicht" und bedeutete mir zu gehen. Seltsam, aber ich war so nervös, dass ich mir wenig Gedanken machte. Innerlich jubelte ich über Gott und sein Handeln – keine Fragen, keine Diskussionen, es ging so schnell und einfach. Ich begab mich zur Abflughalle und merkte plötzlich, dass der Mann mir gar kein Gate gesagt hatte. Ich schaute auf mein Ticket und konnte keine Angaben finden – suchte auf der Anzeigetafel nach meinem Gate und ging dann nochmals an den Schalter. Die Dame von der Lufthansa sah mich und meine Unterlagen erstaunt an und erklärte mir dann, ich sei noch gar nicht eingecheckt und hätte auch noch keinen Sitzplatz. Ich erklärte ihr, dass ich bei dem netten Herrn eingecheckt habe, worauf sie mir versicherte, dass heute keine Herren an der Abfertigung arbeiteten. Aber mit meinen Gepäckscheinen schien alles in Ordnung zu sein. Dann sah sie auf mein „Handgepäck" und fragte mich, ob niemand an der Abfertigung dazu etwas gesagt hätte. Nein versicherte ich ihr – sie schüttelte nur fragend den Kopf. Aber sie gab mir einen Sitzplatz und meine restlichen Unterlagen und mir kam plötzlich der Gedanke, dass ich einem Engel begegnet war.

Ich war versucht, nochmals in die Halle runterzugehen und nach dem Mann Ausschau zu halten, aber irgendwie hatte ich den Eindruck, als würde Gott mir sagen: „Freu dich, schau nicht nach und danke mir" – und das tat ich dann. Ich kam pünktlich in Frankfurt an und fand mein ganzes Gepäck vor. Gott hatte für mich gesorgt – auf außergewöhnliche Weise. Und seinen Engel werde ich nie vergessen.

Daniela Kurz ist die Leiterin des Referats Frauen im Bund Freier evangelischer Gemeinden, Witten

Engels-Augen

Zutaten für ca. 75 Stück
1 unbehandelte Zitrone
300 g Vollkornmehl (z. B. Dinkel)
200 g Butter
100 g brauner Rohrzucker
1 Prise Salz
1 Ei
200 g rotes Fruchtgelee

Die Zitrone heiß abspülen, trocken reiben, die Hälfte der Schale fein abreiben. Zitronenschale und die restlichen Zutaten in eine Schüssel geben. Zunächst mit dem Knethaken des Handrührers, dann mit den Händen zu einem glatten Teig verarbeiten und abgedeckt etwa eine Stunde kalt stellen.
Teig zu kirschgroßen Kugeln rollen und auf mit Backpapier ausgelegte Backbleche legen. In jede Kugel eine tiefe Delle drücken. Etwas Fruchtgelee in die Mulde geben.
Teigkugeln im vorgeheizten Ofen bei 175 °C etwa 10 Minuten backen. Herausnehmen und auf einem Kuchengitter erkalten lassen.

Marzipan-Engel

Zutaten für ca. 20 Stück
400 g Marzipan-Rohmasse
200 g Puderzucker
4 cl brauner Rum
60 g reines Kakaopulver

Engelfigur auf feste Pappe übertragen und ausschneiden.
Das Marzipan mit dem Puderzucker und dem Rum zu einer formbaren Masse verkneten und ausrollen. Dazu mit Kakaopulver bestäuben.
Mit Ausstechförmchen (Engelformen gibt es im Fachhandel für wenig Geld) kleine Engel ausstechen.
Nach Geschmack entweder kurz unter den Grill legen und die Oberfläche bräunen oder mit Kakao bestäuben oder mit Lebensmittelfarbe aus der Tube bemalen.
Zum Verschenken einzeln auf kleine bunte Pappquadrate legen und in durchsichtige Folie mit Schleifchen verpacken.

Kantenhocker-Engel

Weiße Engel

Material
- Acrylfarbe, weiß
- Pinsel
- 35 cm Satinband in Weiß, 6 mm breit
- 1 Tontöpfchen, 4 cm Durchmesser
- 4 Rohholzkugeln, 15 mm Durchmesser, gebohrt für Hände und Füße
- 1 Rohholzkugel, 25 mm Durchmesser, ungebohrt für den Kopf
- 1 Paar Engelflügel aus Federn
- Kunsthaarlocken

Durchführung
Tontopf mit Acrylfarbe bemalen und trocknen lassen. Währenddessen vom Satinband zwei Stücke à 10 cm abschneiden. Auf jedes Stück Band eine kleine Holzkugel aufziehen und am Ende mit Heißkleber fixieren. Auf das restliche Stück Satinband die beiden übrigen Holzkugeln auffädeln und an jedem Ende eine Kugel mit Heißkleber fixieren.
Die kurzen Satinbänder für die Füße am unteren Rand des Töpfchens innen mit Heißkleber ankleben. Das Satinband mit den beiden Kugeln an den Enden quer über den Tontopf legen und zusammen mit der großen Holzkugel mit Heißkleber festkleben.
Die Engelflügel an der hinteren Seite am unteren Rand des Tontopfes ankleben.
Für die Haare Kunsthaarlocken in der gewünschten Länge und Menge zurechtschneiden und auf den Kopf des Engels kleben. Das Gesicht mit wasserfestem Folienstift aufmalen.

Naturfarbene Engel

Material
- 60 cm Jutegarn 4-fach, 3,5 mm stark
- 1 Tontöpfchen, 4 cm Durchmesser
- 4 Rohholzkugeln, 15 mm Durchmesser, gebohrt für Hände und Füße
- 1 Rohholzkugel, 25 mm Durchmesser, ungebohrt für den Kopf
- außerdem: wasserfester Folienschreiber und Heißklebepistole

Durchführung
Vom Juteband zwei Stücke à 10 cm abschneiden. Auf jedes Stück Band eine kleine Holzkugel aufziehen und am Ende mit Heißkleber fixieren. Ein weiteres Stück von ca. 15 cm Läge abschneiden und an jedem Ende eine kleine Holzkugel aufziehen und mit Heißkleber fixieren. Das übrige Stück Juteband für den Haarschopf in beliebig lange Stücke teilen. Eines der Stücke teilen und mit einem Faden den „Haarschopf" mittig zusammenbinden.
Die kurzen Jutebänder für die Füße am unteren Rand des Töpfchens innen mit Heißkleber ankleben. Das Juteband mit den beiden Kugeln an den Enden quer über den Tontopf legen und zusammen mit der großen Holzkugel mit Heißkleber festkleben. Den Jutehaarschopf auf den Kopf des Engels kleben. Das Gesicht mit wasserfestem Folienstift aufmalen.

DAGMAR HEES

Mutter Teresa –
„Kleiner Stift in Gottes Hand"

Agnes Gonxha Bojaxhiu (27.8.1910 bis 5.9.1997)

Als „Heldin der Nächstenliebe", ist Mutter Teresa weltbekannt geworden. Manche nannten sie die „mächtigste Frau der Welt". Sie selbst bezeichnete sich lieber als „kleinen Stift" in Gottes Händen. In den Slums von Indien las sie Menschen auf, die sterbend am Straßenrand lagen – weggeworfen wie Müll, übersehen, ungeliebt und lästig. Der „Engel von Kalkutta", wie Mutter Teresa schon zu Lebzeiten genannt wird, geht zu Lepra- und Aidskranken, gibt Kindern ein Zuhause und den Armen Hoffnung und Würde. Zusammen mit Frère Roger, dem Gründer von Taizé, gehört Mutter Teresa für Menschen jeden Alters zu den wenigen spirituellen Leitbildern der Gegenwart.

Große Ehrungen für eine kleine Nonne

Für ihren „aufopferungsvollen Kampf gegen Hunger und Armut vor allem in den Elendsvierteln von Kalkutta" (so heißt es in der offiziellen Begründung) erhielt die wohl berühmteste Albanerin der Gegenwart 1979 den Friedensnobelpreis.
Bei der Preisverleihung in Oslo sorgt sie für Verwirrung, indem sie die übliche Zeremonie boykottiert. Sie lässt den Festempfang ausfallen, verteilt bei der Preisverleihung an alle Anwesende den Text des Franz von Assisi „Herr, mach mich zum Werkzeug deines Friedens" und betet ihn auch gleich laut vor. Das Geld für das abgesagte Festessen lässt sie sich auszahlen – für die Armen in Kalkutta. (Schon früher war ihr pfiffiger Erfindungsreichtum aufgefallen, wenn es um Geld für die Armen ging. Als Papst Paul VI. sie 1964 in Indien besuchte, schenkte er ihr eine Luxuslimousine, die er selbst als Geschenk erhalten hatte. Statt das teure Auto ganz normal zu verkaufen, organisierte sie eine Verlosung, die den fünffachen Ertrag brachte.)
Ihre Dankesrede nutzt sie für einen leidenschaftlichen Appell gegen Abtreibung. „Es gibt keine größere Zerstörung des Friedens in der Welt als den Schrei der ungeborenen Kinder", sagt sie – wohl wissend, dass ihre konservative Haltung zu

Abtreibung und Verhütung Widerspruch heraus-
fordert. Ebenso wie die rein karitative Ausrichtung
ihrer Arbeit. Es geht ihr nicht um Veränderung der
Strukturen, um den Ruf nach sozialer Gerechtigkeit und Änderung der politischen Verhältnisse,
sondern darum, in den Armen Jesus zu begegnen
und „Jesu Dürsten nach den Armen" zu stillen. Es
geht ihr darum, Jesus, der die Liebe ihres Lebens
ist, in der Hinwendung zu den Ausgestoßenen
und Verachteten treu zu sein.

Weltweite Anerkennung

Als sie am 5. September 1997 an Herzversagen
stirbt, nehmen eine Million Menschen an der Be-
erdigung der Siebenundachtzigjährigen teil. Zu
diesem Zeitpunkt ist die Kongregation der Misso-
naries of Charity, zu deren Gründung sie sich seit
1946 berufen fühlte, weltweit mit mehr als 350
Niederlassungen etabliert. Dass ihr Orden auch
in den reichen Ländern des Westens Niederlassungen eröffnet, geht darauf zurück, dass
Mutter Teresa sehr schnell spürt, welche spiri-
tuelle Armut gerade in den materiell reichen
Nationen herrscht und dass die Stillung des Hungers nach Liebe und Freude einer ebenso großen
Anstrengung bedarf wie die Stillung des Hungers
nach Brot.
In ihrer Heimat Albanien wird der Geburtstag der
kleinen Nonne heute als großer Nationalfeiertag
begangen. Sogar der Flughafen in Tirana wurde
nach ihr benannt. Nur sechs Jahre nach ihrem Tod
wird sie am 19. Oktober 2003 selig gesprochen, so
schnell wie kaum jemand sonst in der jüngeren
Kirchengeschichte. Um das möglich zu machen,
setzte der Papst für Mutter Teresa eigens das
Kirchenrecht außer Kraft, nach dem der Prozess
zur Seligsprechung ansonsten erst fünf Jahre
nach dem Tod beginnen kann und in der Regel
mehrere Jahrzehnte dauert.

Keine strahlende Erfolgsgeschichte

Was äußerlich wie eine einzige große Erfolgsge-
schichte aussieht, was wie ein fulminanter Sieges-
zug der Idee der Nächstenliebe erscheint, der
durch eine kluge, humorvolle, willens- und glau-
bensstarke Frau möglich geworden ist, das aller-
dings hat eine Kehrseite, die erst zehn Jahre nach
ihrem Tode durch die Veröffentlichung ihrer
Briefe und Tagebücher sichtbar wird, gegen die
sie sich zu Lebzeiten stets gewehrt hatte. Diese
Aufzeichnungen zeigen Mutter Teresa als eine

Frau mit mystischen Erfahrungen. Und sie zeigen
sie als eine Christin, die sich ihrer Berufung sicher
ist und die dennoch sehnsüchtig nach der Nähe
Gottes dürstet – nach dem Gott, für den sie
alles, alles, alles hinzugeben und aufzugeben
bereit ist.

Frühe Liebe – lebenslange Treue

Doch der Reihe nach. Agnes Gonxha Bojaxhiu
(sprich: Bojadschiu) wächst in Skopje, in einer bewusst katholisch lebenden Familie glücklich auf.
Schon mit 12 Jahren weiß sie, dass sie Nonne
werden will. Den Beginn ihrer Gottesliebe aller-
dings kann sie auf einen noch früheren Zeitpunkt
datieren: Mit fünfeinhalb Jahren, beim ersten
Empfang der Heiligen Kommunion, sei das Feuer
des Glaubens in ihr entzündet worden, erzählt
sie einmal. Mit 18 tritt Agnes Gonxha dem
irischen Orden der Loreto-Schwestern bei. Als
Missionarin in Indien will sie Seelen für Christus
gewinnen. Ich habe „nie auch nur eine Sekunde
lang daran gezweifelt, dass ich das Richtige ge-
tan habe", sagt sie in einem Interview mit dem
BBC.
In Indien lebt sie fast 20 Jahre lang ein unspek-
takuläres Leben. Sie unterrichtet an der St. Mary
Highschool. Sonntags ist sie in den Slums bei den
Armen von Kalkutta zu finden. „Ich kann ihnen
nicht helfen, weil ich ja gar nichts besitze, aber
ich gehe zu ihnen, um ihnen Freude zu schenken",
sagt sie. 1937 legt sie ihre ewigen Gelübde ab.
Aus der „Blütenknospe", wie ihr Vorname Gonxha
heißt, wird Mutter Teresa, die ihr Ja zu Jesus aus-
spricht, dem sie sich „für den Rest ihres Lebens in
bräutlicher Liebe überlässt".

Verrücktheit aus Liebe

Beinahe wichtiger noch als die ewigen Gelübde
ist ein Privatgelübde, das sie mit Wissen und Zu-
stimmung ihres geistlichen Begleiters im April
1942 ablegt. In dieser „Verrücktheit aus Liebe"
wie Brian Kolodiejchuk, ein jüngerer Vertrauter
der späten Jahre es nennt, verspricht sie „Gott
alles zu geben, was er verlangen sollte: ihm gar
nichts zu verweigern". Ihr sehnlichster Wunsch
ist, „unter allen Umständen Ja zu Gott zu sagen –
selbst wenn es das Leben kosten" sollte. Wie ihre
Namenspatronin Therese von Lisieux will sie
auch in den kleinen Dingen des Alltags „etwas
Schönes für Gott tun".

Die Berufung in der Berufung

Vier Jahre später, am 10. September 1946 hat sie – wie als Antwort auf ihr Gelübde – ein geistliches Erleben, das ihr ganzes bisheriges Leben verändert. Auf dem Weg zu den jährlichen Exerzitien widerfährt ihr eine entscheidende mystische Begegnung mit Christus: „Die Berufung in der Berufung". Für sie steht unerschütterlich fest, dass es Christi Stimme ist, der sie bittet, indische Schwestern für die Arbeit unter den Armen zu sammeln. „Deine Berufung ist es, zu lieben und zu leiden und Seelen zu retten. Ich möchte indische Missionaries of Charity, die mein Feuer der Liebe sein werden unten den ganz Armen, den Kranken, den Sterbenden, den kleinen Straßenkindern. Ich möchte, dass du die Armen zu mir bringst. Das ist deine Berufung. Willst du dich weigern, dies für mich zu tun?

Lieben und Leiden

Mutter Teresa sieht in dieser mystische Erfahrung die Stimme Christi und weiß zugleich, dass diese innige Erfahrung der Nähe Jesu das Ende ihres Lebens im Loreto-Orden bedeutet, das sie so liebt. Sie fürchtet sich davor, wie die Inder zu essen, zu schlafen und zu leben – und kann und will ihrer Berufung doch nicht ausweichen. „Alle werden mich für verrückt halten, nach so vielen Jahren eine Sache anzufangen, die mir größtenteils nur Leiden einbringen wird, schreibt sie Ihrem Bischof. Sie will der neuen Berufung nicht folgen, ohne sie von ihren Oberen prüfen zu lassen. Die nehmen die Erfahrungen von Mutter Teresa ernst und unterziehen sie dennoch einer harten Prüfung. Statt Begeisterung und Ermutigung erfährt sie Zurückhaltung und sogar eine Strafversetzung. Man verdächtigt sie eines Verhältnisses mit ihrem Beichtvater. Nachdem der Vorwurf geklärt ist, wird sie aufgefordert, „unter der Führung des Heiligen Geistes ein Konzept" für ihre künftige Arbeit zu erstellen. Ganz nüchtern geht es darum, Ziele, Finanzierungsmöglichkeiten, Ordensregeln und Erfolgsaussichten zu beschreiben. Nach zwei Jahre zähen Ringens, in denen Mutter Teresa drängt und fleht, argumentiert und plant, kommt am 8. August 1948 die Nachricht aus Rom, dass sie ihre neue Mission anfangen kann. Sie verlässt den Loretokonvent mit seinen schönen Gärten und lässt sich in Patna grundlegende medizinische Kenntnisse beibringen.

Beginnen mit nichts

Am 21. Dezember 1948 geht sie zum ersten Mal zu den Ärmsten der Armen. Mutter Teresa, die selbst nichts besitzt als einen weißen indischen Habit, einen hellblauen Sari, einen weißen Schleier, Sandalen, einen Gürtel und ein Kruzifix, hat nichts, was sie verteilen könnte: keinen Becher Milch, keine Decke – nichts. Nur ihre Liebe zu Christus, der sich nach den Armen sehnt. So knüpft Mutter Teresa zu Beginn ihrer Arbeit an ihre Fähigkeiten als Lehrerin an und versammelt am ersten Tag fünf Kinder zum Unterricht. Im Übrigen kann sie nur Gott bitten, ihr angesichts der Not zu helfen, der sie begegnet. Die Hilfe kommt, und zwar in Gestalt einiger früherer Schülerinnen aus St. Marys, die an der neuen Mission interessiert sind. Das führt zu Missverständnissen mit ihrem alten Orden, wo man Konkurrenz wittert. Doch der Zulauf junger, gebildeter Inderinnen kann nicht gestoppt werden. Im Juni 1950 gehören bereits 12 junge Frauen der neuen Gemeinschaft an, die am 7. Oktober 1950 ganz offiziell und mit päpstlichem Segen als Orden der „Missionaries of Charity" (Missionarinnen der Nächstenliebe) anerkannt wird.

Schnelles Wachstum

In einem leer stehenden Gebäude des Kali Tempels, im Mittelpunkt der Anbetung und Hingabe der Hindus bietet die Stadtverwaltung den Schwestern einen Platz für ihre Arbeit unter Sterbenden an. Für die Schwestern ist es selbstverständlich, die Sterberituale und den Glauben Andersgläubiger zu respektieren. „Die erste Frau die ich fand, lag im Straßendreck. Sie konnte sich nicht mehr rühren und lag bereits in den letzen Zügen. Sie war von Ratten abgefressen und in ihren Wunden hatten sich Ameisen eingenistet", erinnert Mutter Teresa sich an den Beginn der Hospizarbeit im Jahr 1952. Etwa die Hälfte der Menschen, die die Schwestern als Sterbende auflesen, werden unter ihrer Pflege sogar wieder gesund.

Daneben beginnt die wachsende Schwesternschaft eine Arbeit unter verlassenen Kindern. „In den Jahren meiner Arbeit unter den Menschen ist mir immer klarer geworden, dass die schwerste Krankheit, die ein menschliches Wesen überhaupt erfahren kann, die ist, unerwünscht zu sein. [...] Für alle Arten von Krankheit gibt es Arzneien und Heilmittel. Aber diese schreckliche Krankheit, unerwünscht sein, kann, glaube ich, nie, nie geheilt werden, außer durch willige Hände, die dienen, und ein liebendes Herz", beschreibt Mutter Teresa den Grund für diesen neuen Arbeitszweig.

Der unbekannte Schmerz

Äußerlich zeigt sich schon in den ersten Jahren nach der Gründung, dass die neue Mission ein „Erfolg" ist, ein Erfolg, für den Mutter Teresa einen hohen Preis zahlt. Für sie besteht der paradoxe und völlig unerwartete Preis ihrer Mission darin, selbst in einer „furchtbaren Dunkelheit" zu leben. Doch das vertraut sie nur ihrem Tagebuch und Briefen an geistliche Begleiter an. „Seit dem Jahre 49 oder 50 dieses furchtbare Gefühl der Verlorenheit – diese unbeschreibliche Dunkelheit – diese Einsamkeit – diese beständige Sehnsucht nach Gott – das in meinem Herzen diesen tiefen Schmerz verursacht. Der Platz in meiner Seele

ist leer – in mir ist kein Gott – der Schmerz des Verlangens ist groß", klagt sie.

Manchmal steht sie kurz davor, Nein zu Gott zu sagen, so tief ist die Dunkelheit, in der sie lebt, die doch für andere Licht ist und Licht bringt. Mutter Teresa selbst fühlt sich genau wie viele Kinder und Sterbenden, denen ihre Liebe und ihre Berufung gilt: „unerwünscht, ungeliebt und unbeachtet".

Das Geheimnis der Dunkelheit

Wie soll sie diese Erfahrung verstehen, die so im völligen Kontrast zu der innigen Versenkung und intensiven Gotteserfahrung steht, zu dem inneren Licht, mit dem sie sich in der Zeit ihrer Berufung überströmt fühlte? War sie auf dem falschen Weg? Lag der Grund für diese Dunkelheit in Sünde und Schwachheit? Diente die Erfahrung äußerster Dunkelheit ihrer Läuterung? Was sollte sie lernen? Nur allmählich begreift Mutter Teresa den Sinn ihrer geistlichen Agonie: Ihre schmerzvollen Erfahrungen deutet sie als Erinnerung am Leiden Christi, der am Kreuz die Dunkelheit der Gottverlassenheit zu spüren bekam und mit dem Ruf: „Mein Gott, mein Gott, warum hast du mich verlassen?" starb. So nimmt sie auch ihre Erfahrung als eine geistliche Erfahrung an. Sie überspielt die eigene Dunkelheit nicht, sondern nimmt sie aus Gottes Hand. Wohl nur so ist zu erklären, dass sie überall, wo sie auftaucht, Frieden ausstrahlt und glaubwürdige Zeugin der Liebe Gottes sein kann. Wie Frère Roger kann sie zweifelnde Menschen, die nichts von Gott sehen und spüren, dazu ermutigen, schon im Sehnen nach Gott den Anfang des Glaubens zu sehen. Sie selbst ist wohl aus der Dunkelheit bis zu ihrem Tod nicht erlöst worden. Aber als sie beerdigt wird, verkünden zahllose Transparente in Kalkutta: „Mutter, du warst eine Quelle des Lichts in dieser Welt der Dunkelheit."

Lesehinweis:
Komm, sei mein Licht. Die geheimen Aufzeichnungen der Heiligen von Kalkutta. Hrsg. und kommentiert von Brian Kolodiejchuk, Pattloch, München 2007, ISBN 978-3-629-02197-7, 19,95 Euro

Zitate von Mutter Teresa

Es gibt auf der Welt Leute, die sich für Gerechtigkeit und Menschenrechte einsetzen und so die Strukturen zu verändern suchen. Wir sind dem gegenüber nicht gleichgültig, aber in unserem täglichen Leben haben wir es mit Leuten zu tun, die nicht einmal ein Stück Brot zu essen haben. Unsere Aufgabe ist es, dieses Problem individuell zu betrachten – und nicht kollektiv.

Wir sorgen uns um eine Person, und nicht um eine Mehrheit. Wir suchen den Menschen, mit dem Jesus sich selbst identifizierte, als er sagte: ,Ich war hungrig. Ich war krank.' Würden wir das Problem allgemeiner betrachten, dann hätten wir kaum den Mut, etwas zu unternehmen. Ich könnte die Gründe für die Armut in der Welt in einem einzigen Wort zusammenfassen: Egoismus.

Uns fehlt der Großmut, mit den anderen zu teilen, was wir besitzen. Die Reichen werden reicher und reicher, und die Armen ärmer und ärmer. Die Inflation, die die ganze Welt heimsucht, macht das Leben für die Amen fast unmöglich. Nichtsdestoweniger verlasse ich mich darauf, dass die Missionarinnen der Nächstenliebe in Brasilien wie in anderen Ländern eine Brücke zwischen Arm und Reich schlagen; dies bemühen wir uns zu sein: eine Brücke zwischen zwei Welten.

Karin Vorländer (Jg 1952): Freie Journalistin,
Referentin, Biographin, verheiratet, vier Söhne,
ursprünglich gelernte Lehrerin.
Lebt und arbeitet in Wiehl bei Köln.

Impressum

Redaktionskreis und verantwortlich für den Inhalt:

Karin Ackermann-Stoletzky (Bibellesebund e. V.)
Schw. Christine Muhr (Ev. Gnadauer Gemeinschaftsverband)
Dagmar Hees (Bund Freier ev. Gemeinden)

Mitgearbeitet haben:

Karin Ackermann-Stoletzky
Dagmar Hees
Daniela Kurz
Christina Muhr
Kerstin Stein
Dorothea Terfloth
Karin Vorländer

Fotos: Ingram, creative collection
Fotos Kreativ/Basteln: Dagmar Hees
Fotos Mutter Theresa: Manfred Ferrari, Rom mit freundlicher
Genehmigung von www.kathmedia.com
Nacht der Engel von Beate Heinen: Mit freundlicher
Genehmigung von ars liturgica, Maria Laach
Layout: Georg Design

Herausgeber:

 Bibellesebund e. V.

 Ev. Gnadauer Gemeinschaftsverband

 Frauenarbeit des Bundes Freier ev. Gemeinden